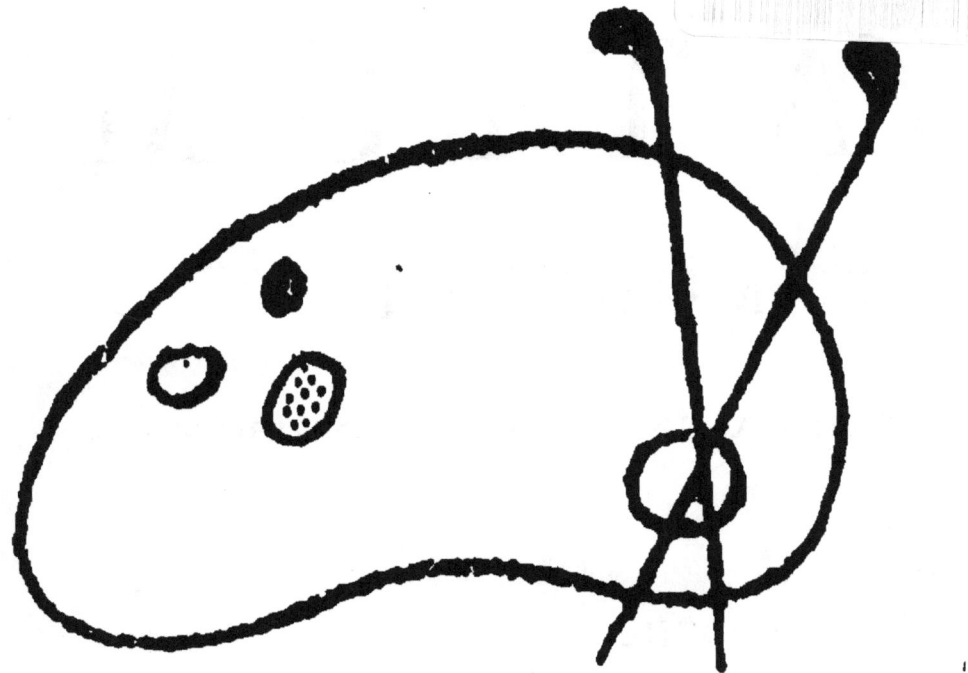

Début d'une série de documents en couleur

LE
LATIUM
MODERNE

LETTRE A UN ETUDIANT EN DROIT

PAR

EUGÈNE VERMERSCH
Étudiant en Médecine.

Prix : **60** centimes.

PARIS
E. SAUSSET, LIBRAIRE
GALERIE DE L'ODÉON, 12, 13, 14, 15,
ET CHEZ LES PRINCIPAUX LIBRAIRES.

1864

DU MÊME AUTEUR :

Pour paraître prochainement :

SATIRES

1 volume in-18 jésus de 360 pages.—Prix : 3 fr. 50

Paris.— Imprimé chez Bonaventure et Ducessois, 55, quai des Grands-Augustins.

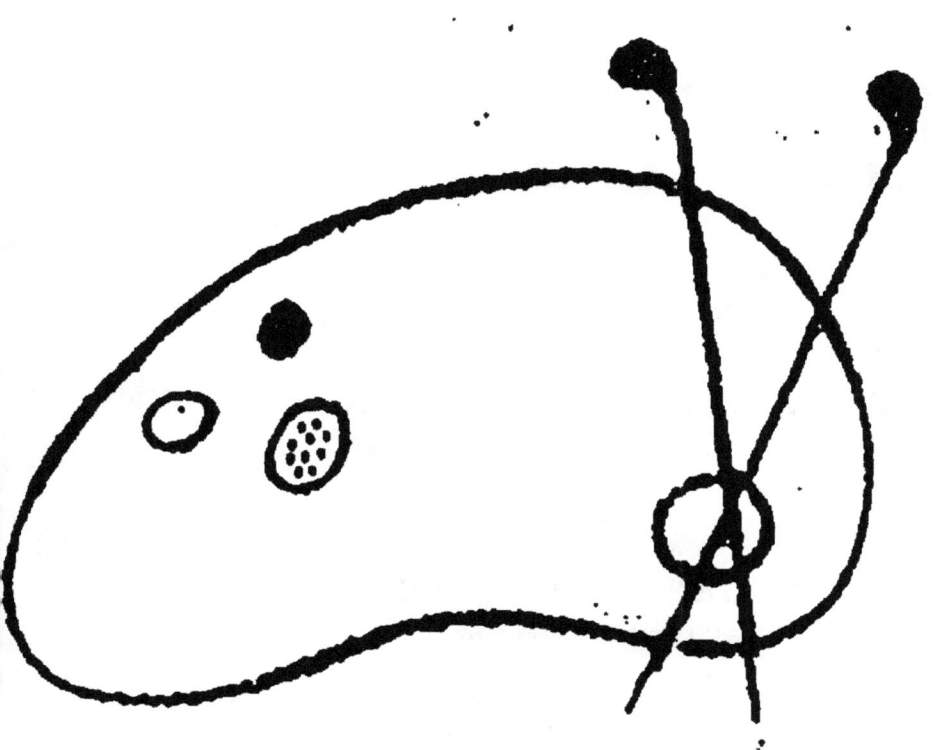

Fin d'une série de documents
en couleur

LE LATIUM MODERNE

Lettre à un Étudiant en droit

PAR

EUGÈNE VERMERSCH

ÉTUDIANT EN MÉDECINE.

Facit indignatio versum.
JUVÉNAL, *Sat. I,* 79.

Il n'y a que les petits hommes qui redoutent les petits écrits.
BEAUMARCHAIS, *Mariage de Figaro*.

PARIS

E. SAUSSET, LIBRAIRE

GALERIE DE L'ODÉON, 12, 13, 14, 15,

ET CHEZ LES PRINCIPAUX LIBRAIRES

—

1864

DU MÊME AUTEUR,

Pour paraître prochainement :

SATIRES

Un volume in-18 de 360 pages.

PARIS. — IMPRIMÉ CHEZ BONAVENTURE, DUCESSOIS ET C⁰,
55, QUAI DES GRANDS-AUGUSTINS.

LE
LATIUM
MODERNE

Monsieur,

Avez-vous lu quelquefois l'*Histoire des clercs de la Basoche* ou cette magnifique épopée que V. Hugo a composée sur Notre-Dame de Paris? Quels sont, dites-moi, les sentiments que ces lectures ont fait naître en vous? N'avez-vous point, en feuilletant ces annales glorieuses d'un passé trop vite écoulé, songé aux tristes révolutions amenées par les siècles et aux changements opérés dans ce vieux et poétique quartier latin?

O tempora! o mores! avez-vous dit : que de bouleversements dans les esprits aussi bien que dans les lieux témoins de tant de joyeuses débauches! et combien ces âmes vigoureuses et mâles des étudiants ont perdu de leur primitive énergie!

Hélas! non, Monsieur, nous ne sommes plus ce que nous étions jadis : nous ne sommes plus que les fils dégénérés de ces vaillants clercs si jaloux de leurs droits et de leurs libertés, et nous cherchons presque à repousser comme un reproche cette grande ombre du passé qui s'assied auprès de nous.

Le quartier latin autrefois nous appartenait exclusivement; c'était notre propriété, notre terre libre, notre lieu d'asile, et, peut-être, le Misanthrope en aurait-il voulu pour en faire

> Cet endroit écarté,
> Où d'être homme d'honneur on ait la liberté.

Nos bals nous appartenaient, et les seuls artistes fraternisaient avec nous ; car, en eux, nous retrouvions ces fortes aspirations d'indépendance unies au culte du beau. Nous étions maîtres, et malheur à l'intrus qui serait venu usurper parmi nous une place qui ne lui aurait pas appartenu.

Mais aujourd'hui, grands dieux ! ce n'est plus cela : tout le monde nous traite d'égal à égal ; nous n'avons plus rien en propre ; le *calicot*, chamarré de bagues, d'épingles, de montre, de chaînes, orné d'un faux-col, et illustré comme une gravure de modes, fait chez nous des descentes domiciliaires, un jonc à la main et le lorgnon dans l'œil. J'enrage quand je vois ces jeunes sots, habillés comme des femmes, qui vendent le reps, l'orléans et les boutons au quartier Saint-Denis, et qui sont couchés toute la journée sur des pages de chiffres, venir se pavaner à Bullier, en reniflant d'un air superbe.

J'admire vraiment la douce tolérance dont on use à l'égard de ces messieurs. Serait-ce, par hasard, un charitable effet des principes de 89, et les étudiants leur feraient-ils l'application des doctrines égalitaires ?

Certes, ce ne serait pas là une bien belle conquête à écrire dans nos mémoires, et j'aime mieux de beaucoup cette vieille coutume *que je m'en vais vous dire :* La caste des étudiants étant moins nombreuse, les membres qui la composaient se connaissaient mieux, et se trouvaient plus à même d'éliminer les étrangers, le *profanum vulgus*. Quand une figure étrangère se présentait dans nos bals, on s'informait tout de suite quel était ce noble étranger, et, si les renseignements ne garantissaient point sa *moralité*, il était renvoyé des fins de sa demande avec les honneurs dus à son rang et fortune.

Nous savions alors défendre nos libertés et nos priviléges :

> Au sein de la capitale,
> Que nous étions beaux à voir !

comme disait Nadaud. Qu'il faisait bon respirer à pleins poumons l'air parfumé du Luxembourg, alors notre Eldorado !

Je ne sais quelle morgue toute patricienne nous a envahis, mais une peste d'aristocratie

> En des jours ténébreux a changé ces beaux jours.

Nos joyeux Diogènes sont devenus des Héraclites moroses, et je m'attends, pour peu que cela continue, à voir s'établir des confréries d'étudiants qui commenteront l'*Introduction à la vie dévote* ou le *Traité de la perfection chrétienne*.

Mais, Monsieur, tout ce qui entoure l'homme lui emprunte quelque chose et change avec lui ; aussi que de transformations n'ont point subies les milieux où nous vivons, les endroits que nous fréquentons !

Nulle part, cependant, le changement n'a été aussi complet que chez la femme, cette clef du péché, comme disent les Pères de l'Église ; c'est bien le cas, ou jamais, de répéter ce couplet connu :

> Typo charmant ! ô grisette pimpante !
> Toi qui, jadis, aux francs baisers t'offrais !
> Où donc es-tu, gentille étudiante,
> Reine autrefois de nos bals sans apprêts ?
> Du feu du punch, infidèle vestale,
> Tu te fis dame à la cité d'Antin ;
> Ah ! qu'un fichu t'allait bien mieux qu'un châle
> Quand tu régnais au vieux quartier latin !

Il n'y a plus de grisettes, Monsieur, parce qu'il n'y a plus d'étudiants, *partant plus de joie*. L'existence de ces charmantes filles est liée à la nôtre, et le moment où notre astre s'incline est aussi celui où leur étoile pâlit : l'étudiant est l'âme de la grisette, cette blonde enfant, fille du printemps comme la rose et la fauvette.

Quelle jolie boutade que celle qui se trouve dans les *Scènes de la vie de bohème!* Permettez-moi de vous la rappeler, de vous faire respirer encore cet arome, mâle et suave à la fois, si fortement empreint du poétique regret du passé.

« Ces jolies filles, moitié abeilles, moitié cigales, qui travaillaient en chantant toute la semaine, ne demandaient à Dieu qu'un peu de soleil le dimanche, faisaient vulgairement l'amour avec le cœur, et se jetaient quelquefois par la fenêtre. Race disparue maintenant, grâce à la génération actuelle des jeunes gens : génération corrompue et corruptrice, mais, par-dessus tout, vaniteuse, sotte et brutale. Pour le plaisir de faire de méchants paradoxes, ils ont raillé ces pauvres filles à propos de leurs mains, mutilées par les saintes cicatrices du travail, et elles n'ont bientôt plus gagné assez pour s'acheter de la pâte d'amandes. Peu à peu, ils sont parvenus à leur inoculer leur vanité et leur sottise, et c'est alors que la grisette a disparu. C'est alors que naquit la lorette. Race hybride, créatures impertinentes, beautés médiocres, demi-chair, demi-onguents, dont le boudoir est un comptoir où elles débitent des morceaux de leur cœur, comme on ferait des tranches de rosbif. La plupart de ces filles, qui déshonorent le plaisir et sont la honte de la galanterie moderne, n'ont pas toujours l'intelligence des bêtes dont elles portent les plumes sur leurs chapeaux. S'il leur arrive par hasard d'avoir, non point un amour, pas même un caprice, mais un désir vulgaire, c'est au bénéfice de quelque bourgeois-saltimbanque que la foule absurde entoure et acclame dans les bals publics, et que les journaux, courtisans de tous les ridicules, célèbrent dans leurs réclames [1]. »

[1] H. Murger, *Scènes de la vie de bohème*, chap. XIX.

Voilà, Monsieur, l'avis d'un homme qui connaissait à fond le quartier latin, et il y a tantôt quinze ans que ces lignes ont été écrites.

Depuis, le mal n'a fait qu'empirer ; ce qui était sombre est devenu noir ; les derniers pétales de la fleur sont tombés ; la royauté chancelante de l'étudiant a été définitivement renversée ; le calicot, timide encore, est devenu insolent, et la lorette, s'enfonçant plus avant encore dans la boue où elle grouillait, n'est plus qu'une..... Ah ! Monsieur, nous savons trop ce qu'elle est devenue.

Pauvre Murger ! il avait bien pressenti tout ce chemin douloureux de la décadence ; lui aussi avait souffert de notre chute à chaque instant plus rapide, et son âme, sœur de la nôtre, avait pris part à cette pénible transformation de notre antique Latium.

Ce sont effectivement les femmes qui nous font surtout remarquer ces changements ; c'est encore de l'indulgence que d'appeler cela des femmes ; ce sont des marbres qui parlent, mais ils n'ont rien *qui bat sous le mamelon gauche.*

Je me promis un jour de parler d'elles, et, puisque l'occasion s'en présente, vous me permettrez de vous communiquer les réflexions que leurs procédés m'ont suggérées. Les vices ont besoin d'être fustigés de temps en temps, et, sans vouloir m'ériger en censeur des mœurs, il est cependant certaines petites choses que je dois blâmer ; car il est du devoir de tout honnête homme de le faire.

Ne vous étonnez donc pas, Monsieur, si mes expressions sont parfois un peu violentes, si mes phrases sont de temps en temps âpres et mordantes ; j'ai, comme dirait Mélingue, taillé *la bonne plume de Tolède*, et, avec les barbes de cette plume, je me dispose à chatouiller les vanités susceptibles de ces dames.

Temps béni, où Mimi éprouvait de jour à autre de l'amour pour Rodolphe, où êtes-vous ? Soirs pleins d'ivresse et de volupté que Marcel savourait doucement avec Musette, où donc avez-vous fui ? Avez-vous emporté sur vos ailes légères tous ces heureux souvenirs dont nous sommes jaloux, et que la nuit tombante enveloppait amoureusement dans son tremblant crépuscule ? C'est peut-être parce que j'aime le passé que je déplore les misères d'aujourd'hui.

Ces filles, Monsieur, sont nées sans doute d'un proxénète et d'une poissarde, et elles doivent avoir parmi leurs ancêtres des forçats et des filles publiques. Heureusement pour la postérité, la plupart d'entre elles sont stériles, et nous devons rendre grâces au ciel de n'avoir pas permis aux monstres de se reproduire. C'est assez d'une génération de ces goules, sans que nos arrière-neveux en soient encore infectés.

Souvent, il est vrai, la punition suit de près la faute ; et j'en ai vu, pour mon compte, quelques-unes de ces hideuses créatures, dans leurs alternatives de luxe et de misère, les semaines où elles n'avaient point trouvé d'imbéciles adorateurs. Plusieurs d'entre elles en étaient souvent réduites à mendier un dîner ou un déjeuner. Sans asile, sans vêtements, sans linge, on peut dévorer, pendant le temps des vacances, sa colère et son dépit ; on peut faire aux pauvres nouveaux venus de terribles menaces, et se promettre de se venger sur leur bourse et sur leur cœur.

Sont-ce mesdemoiselles leurs mères qui leur ont donné cette belle éducation, et qui leur ont indiqué, comme but suprême et fin dernière, l'étalage du *Grand-Condé* ou celui des *Deux-Magots ?* Je ne leur en ferais pas mon compliment ; et, si l'on devait juger de l'arbre par les fruits, on serait forcé d'avoir d'elles une bien triste idée.

Mais qui donc a transformé la femme de cette sorte, et en a fait cet être sans cœur et sans esprit qui nous reste aujourd'hui? La lorette, l'ignoble et basse lorette! dure et insolente avec le pauvre, lâche et rampante avec le riche; pour qui est mort tout sentiment honnête, toute aspiration généreuse. Il n'est plus pour elle qu'une voix, celle de l'argent; qu'une pensée, le mal, et qu'un acte, la soustraction. Son auteur favori est Eugène Sue; sa science se puise dans le *Moyen de faire fortune* et le *Recueil des chansons de Joseph Kelm;* ses réponses aux lettres d'amour sont écrites sur papier timbré, et ses douceurs vous arrivent sous forme de billets à ordre.

Trop heureux encore quand elle ne vous prend que votre bourse; j'en ai connu, de ces infortunés, de ces ignorants de la vie à qui elle a fait croire à l'amour, et qui voyaient arriver bientôt la désillusion, compagne de la pauvreté. Jeunesse flétrie, doux souvenirs dispersés, rêveries disparues, voilà son ouvrage; et elle vous apporte en échange le chagrin, les soucis, une existence gênée et déclassée; encore doit-on se tenir pour favorisé quand elle ne vous fait pas de plus funestes présents.

Ce que je vous dis là, Monsieur, est de la plus simple vérité, et vous savez comme moi ce qu'il en est.

J'ai vu jadis un drame qui m'a toujours fait une grande impression; il était intitulé : *Les Filles de Marbre.* L'auteur y flétrissait les Phrynés de notre siècle et leur conseillait de *ranger leurs voitures* et de *faire place aux honnêtes femmes qui vont à pied.*

La pièce eut beaucoup de succès; mais quels en furent les résultats? Quel bien produisit-elle?

Les principes sont incontestés, mais on ne s'en souvient habituellement que pour les violer; le droit n'est plus qu'un mythe dont on parle encore quelquefois comme d'une chose complétement tombée dans l'oubli et reléguée avec les antiquités égyptiennes.

Ah! si Aristophane renaissait! si Juvénal sortait tout à coup du tombeau où il dort depuis dix-huit siècles! comme nous verrions apparaître quelqu'une de ces mordantes comédies qui étaient la terreur des méchants, en même temps que la vengeance des honnêtes gens, de ces bilieuses satires qui n'épargnaient pas même Néron et Messaline.

Oui ! le grand poëte latin ajouterait de nombreux vers à sa satire sur *les Femmes*, s'il revenait un beau jour passer quelque temps dans notre quartier ; sa galerie de tableaux s'enrichirait singulièrement ; il serait obligé de remettre de nouvelles lanières à son fouet ensanglanté ; son rire sardonique ferait monter le rouge au visage de ces niais et de ces coquines, et ses doigts se fatigueraient à crayonner leurs folies et leurs vices.

Il n'y a pas longtemps, il arriva au quartier une petite histoire que je me permets de vous rappeler :

Un étudiant, jeune, très-jeune même (il n'avait ses dix-sept ans que depuis quelques mois), prit une compagne de route dans un caboulot bien connu, et signa son contrat joyeusement, *inter pocula*. La femme, du reste, était charmante, vingt ans, blonde comme les blés,

Face rose qui rit avec des dents de perle,

une forêt de cheveux mutins qui frétillaient autour de son cou et qui donnaient les meilleures espérances, plus qu'il n'en faut pour plaire, enfin. Mariés sous les auspices de la joie et sous le régime de la communauté, M. X. et mademoiselle *** s'entendirent très-bien pendant quelque temps. Malheureusement, il survint un léger nuage, et l'étudiant abandonna son épouse de fantaisie. Que fit ma nouvelle Fantine? Elle ne trouva rien de mieux que d'écrire au père de son amant tous les détails de sa vie de jeunesse, si bien que le bonhomme, vivement irrité, vint chercher son fils, qu'il emmena en province goûter les douceurs du foyer domestique, où l'on m'a dit qu'il était encore à cristalliser.

Que pensez-vous de ce joli petit caractère?

Je connais, et vous connaissez aussi une grande belle femme, célèbre à Bullier pour la manière dont elle lève la jambe et fait le grand écart. C'est, il faut l'avouer, une superbe créature, bien taillée, une jambe faite au tour (je le sais, car elle la fait assez voir en dansant), de grands yeux remplis de feu et d'ardeur; somme toute, un extérieur fort consolant. Mais je pense que messieurs ses clients, comme elle les appelle, ignorent la manière dont elle juge l'amour; autrement, je crois que leur nombre diminuerait singulièrement.

Il n'est rien, en effet, qui dégoûte d'une femme, selon moi, du moins, comme de l'entendre faire l'étalage cynique des laideurs de son âme : ce qui nous attache à la femme, c'est l'illusion; c'est qu'elle représente un type idéal que nous nous sommes créé dans nos rêves, dans nos pensées d'artiste. Car le beau n'est véritablement beau, qu'à la condition de représenter une idée; autrement ce serait un mot vide de sens; autrement, la Vénus de Milo ne serait qu'un bloc de marbre mieux travaillé que les autres; l'*Assomption* de Murillo, un tatouage sur un morceau de toile, et la plus belle fille du monde, une masse de chair soutenue par un squelette. Et cela est si vrai, que nous ne pouvons point posséder le beau parfait uniquement à cause de l'insuffisance de nos moyens pour représenter l'idée et pour lui donner un corps; aussi, il y a pour bien des artistes des moments où, pénétrés du sentiment de leur impuissance, ils se révoltent contre leur génie; leur orgueil est atteint d'une sorte de désespoir contre lequel ils ne peuvent lutter, et quelquefois ils veulent détruire cette œuvre imparfaite qui les irrite, de même que Virgile voulait brûler son manuscrit de l'*Énéide*.

Le vrai génie n'est pas celui qui s'admire, mais bien celui qui doute, qui craint et qui se châtie lui-même. Tout palpitant sous le feu qui l'embrase, sous le rayon qui l'éclaire, il veut représenter cette vision qui lui apparaît lumineuse et vivante, l'exprimer sur la pierre, la peindre sur la toile, la retracer dans un livre ; mais quoi !... son ciseau n'est point assez puissant et ne fouille pas la pierre assez avant ; son pinceau est rebelle et ne dessine point tout ce qui germe dans la pensée du maître ; la plume se brise entre ses doigts fiévreux, et il est obligé de renoncer à transmettre ce qu'il éprouve, ne pouvant le faire avec assez d'énergie et de vérité. Voilà les moments terribles qui font douter de soi-même, les heures épouvantables de la rage de l'impuissance.

L'amour aussi est fondé sur le culte du beau, sur cette représentation matérielle de l'idée qui a traversé un jour notre âme en voltigeant, qui n'a plus reparu, mais qui a laissé après elle un parfum qui l'a fait aimer, et à la recherche duquel nous nous sommes mis avec un courage infatigable. L'amour est notre idéal à tous ; selon notre sphère et nos moyens intellectuels, il change d'objet, mais c'est bien toujours un idéal, une idole, un fétiche à la possession duquel notre bonheur est attaché. Toujours nous croyons le tenir, et toujours il nous échappe ; et c'est pour cela que nous traînons sans cesse la chaîne de nos désillusions, de nos erreurs et de nos misères ; c'est pour cela que notre vie est toujours humide de nos larmes, et qu'on met sur les tombes un saule pleureur comme un souvenir du cours orageux de l'existence.

Cela est vrai que nous n'arrivons jamais à posséder notre bonheur ; nous ne sommes jamais sûrs qu'il est bien à nous.

Un beau jour on se rencontre, on ne se déplaît pas, on éprouve même l'un pour l'autre une sympathie secrète, mais on n'en dit rien ; seulement on cherche à se revoir. Après s'être revu, on veut se revoir encore, et l'on finit, tant bien que mal, par lier connaissance. L'homme dit à la femme qu'il la trouve charmante, qu'il n'aimera jamais qu'elle, *enfin tout le phœbé;* il lui dit cela en prose ou en vers, cela ne fait rien à l'affaire. La femme, de son côté, fait entendre à l'homme qu'il ne lui est pas tout à fait indifférent; et alors : « Je te veux, tu me veux aussi, allons, vive l'amour! » La lune de miel est toujours très-douce; mais, au bout d'un temps plus ou moins long, un jour que l'homme se promène seul, il remarque une femme qui lui semble plus jolie que la sienne. De son côté, madame, en allant chez une de ses amies, y a vu un jeune homme qui lui paraît mieux que son Othello. Et, le soir, l'esprit tout préoccupé, elle retourne au logis en rêvant l'adultère, comme dit Barbier, et songe beaucoup plus à ce M. X. qu'aux douceurs du ménage. Le lendemain matin, en s'éveillant, l'amoureux regarde sa maîtresse qui dort encore, et s'aperçoit alors, pour la première fois, que le signe qu'elle a sur la joue gauche, et qu'il avait toujours pris pour un grain de beauté, n'est qu'une pauvre malheureuse verrue du milieu de laquelle s'échappent en jet trois affreux poils roux qui se tordent et frétillent au soleil. Cette découverte lui met du noir dans l'âme. Or, madame, qui a rêvé pendant la nuit du bel inconnu, est d'une humeur massacrante en retrouvant à son réveil son ménage et son pot-au-feu. Bref, le froid se met entre les amoureux, et, quand une fois les cordes sont détendues, on joue tellement faux que l'on ne s'entend bientôt plus. Alors arrivent les brouilles, les querelles, les discussions à propos de rien, si bien qu'au bout de fort peu de temps on se quitte en se détestant à la mort, et l'on dit, en parlant l'un de l'autre : « Ah! je m'étais bien trompé sur son compte. »

Et voilà comment on passe sa vie à chercher le bonheur, comment on recommence pour son propre compte le travail de Pénélope, que l'on défait aujourd'hui pour refaire demain.

Nous nous promettons souvent de ne plus nous laisser prendre au piége; nous nous croyons de grands garçons bien forts de notre expérience d'un jour, et, au premier regard de jeunesse, à la première parole d'amour, nous sentons battre et renaître ce pauvre cœur que l'on croyait mort à jamais. Mais, dans ce long pèlerinage vers le bonheur, malheur à qui s'égare ! On n'a pas assez de pierres pour les lui jeter. C'est aujourd'hui qu'il ferait bon de faire de la poésie en amour et de mettre en pratique les théories utopistes dont je viens de me faire l'interprète. Il y a dans notre siècle..... non..... c'est depuis une dizaine d'années, que je dois dire, une révolution matérialiste qui s'opère dans le quartier latin. Les femmes ont changé d'une étonnante façon, et ce qui jadis était l'exception est la règle aujourd'hui. Nous sommes dans une triste époque, nous traversons l'ère du règne de la lorette.

Voilà, Monsieur, un culte qui jure avec celui du beau, je dis plus, avec celui de l'amour; car je ne l'entends pas autrement que comme je vous le disais tantôt. Cependant l'autel est fort fréquenté, les adorateurs sont nombreux.

La fange a ses amants et l'ordure a ses prêtres.

Ces messieurs viennent frapper de leur front humilié les degrés du temple et apporter à ces déesses de contrebande leur or et leur encens.

Bienheureux les pauvres d'esprit ! Il faut bien que tout le monde vive, n'est-ce pas, mesdames ?

Aussi je laisserais ces vertus à tarif parfaitement libres d'exercer leur petit commerce, si elles le faisaient dans leurs domaines, à Mabille ou au Château des Fleurs ; au besoin même, on leur abandonnerait le Casino. Mais, ce qu'il y a de déplorable, c'est que la Closerie des Lilas soit devenue leur propriété, leur conquête, le marché où elles vendent leurs charmes sur l'éventaire du scandale.

Si vous vous égarez un soir à Bullier, vous les rencontrerez par centaines : quelques-unes venues du quartier Bréda; quelques-unes de la rue Notre-Dame-de-Lorette; la plupart ayant leurs pénates dans le quartier latin où elles exploitent la crédulité des novices. La figure poudrée avec profusion, du rouge à la paupière inférieure et sur la joue, les lèvres empourprées de carmin, les sourcils arrondis en arc de cercle, la fente des paupières agrandie, un regard humide sous une voilette blanche, des mouches assassines adroitement posées dans le coin de la bouche, des parfums pénétrants qui excitent les sens, voilà le signalement de la tête; je ne veux pas soulever la robe et vous faire la description du reste. Elles se promènent dans la salle, d'un pas mesuré, comme certains animaux dans leurs cages; ne dansent pas, oh! non! est-ce que l'on vient dans un bal pour danser?..... s'asseyent quelquefois à une table; s'accoudent nonchalamment, en s'éventant, quoiqu'elles n'aient jamais chaud; ne disent bonjour à personne, excepté à leur clientèle; ont un suprême mépris pour les rares grisettes qui se trouvent dans la salle et pour les étudiants qui sont avec elles; jouent de la prunelle avec ceux qui ont des gants; se retroussent quand un vieux paillard passe à côté d'elles; jappent, toisent le monde, et se font appeler les femmes en vogue.

Celles-là, ce sont les femmes de la haute volée; elles pratiquent le métier franchement, ouvertement; il n'y a encore trop rien à leur dire.

Mais il y a une autre espèce, ce que l'on appelle, en style d'étudiant, les femmes du quartier; ce sont celles-là surtout qui sont coupables. Tout en ayant l'air d'être *latines*, elles ne sont rien moins que cela; ce ne sont pour la plupart que des coquines. Celles-là dansent; parbleu! c'est un moyen comme un autre de faire de la réclame, car on pratique beaucoup le puff à Bullier; une danse excentrique *fait bien dans le paysage*. Lever la jambe, faire le grand écart, se livrer à tous les accès de folle gaieté qui passent par une tête de vingt ans, rien de mieux que tout cela, quand le but est de s'amuser ; mais quand il y a d'autres motifs, quand la fin que l'on se propose est la réputation, quand les excentricités de la danse ne sont que des moyens de spéculation, oh! alors, c'est bien différent, et ce qui était une bouffée de joie toute juvénile n'est plus à présent que la prostitution de la gaieté.

En vérité, il y a de tristes études de mœurs à faire, Monsieur, dans ce séjour qui ne devrait être l'abri que de l'insouciance et du plaisir. On va à Bullier *faire un homme;* quelques femmes pratiquent des métiers qui sont cousins germains de l'escroquerie. On exploite les bouquets ; en s'entendant avec la marchande, il n'est rien de plus facile, et, pour peu que la femme soit un peu habile, elle arrive à se faire payer le même bouquet vingt ou trente fois dans la même soirée. L'une court de l'un à l'autre, avec son chapeau à la main et son manteau sur le bras, en demandant à tout le monde : vingt centimes pour mon vestiaire. L'autre fait mieux encore, c'est sur les *water-closets* qu'elle lève son impôt ; elle monte la garde devant la porte, et, à chaque personne qui passe, elle dit : « Ah ! mon Bébé, prête-moi donc quinze centimes pour..... tu seras bien gentil. » Si vous êtes naïf, vous vous laissez prendre à son air câlin, et vous lâchez vos trois sous ; mais si vous repassez quelques instants après, vous la retrouvez au même endroit répétant la même chanson à un autre naïf. Il paraît qu'il est des femmes qui se font de cette façon de fort jolies recettes les jours de bal. Qu'importe la source, n'est-ce pas? Cet argent-là est bon, beau, sonnant, et comme disait Vespasien qui leur a donné l'exemple : Il ne sent pas plus mauvais que l'autre.

Cette dernière *scie* a, paraît-il, une noble origine ; elle a pris naissance aux bals de l'Opéra.

Les femmes dont je parle habitent toutes le quartier latin ; un grand nombre d'entre elles hante les caboulots; plusieurs même y ont leur gîte ; de jolies maisons d'éducation, ma foi !

Quand elles arrivent à Bullier, en poussant des cris de paon, il y a souvent une cour nombreuse qui les attend au bas de l'escalier, et qui leur fait une sorte d'ovation. Ce sont les reines du bal; de tristes souveraines, sur ma parole ! On compte parmi elles les *Louise-Voyageur*, les *Irma-Canot*, les *Mathilde*, les *Maria*, les *Léonie*, les *Augustine;* que sais-je, moi?

Le reste ne vaut pas l'honneur d'être nommé.

Une foule d'obscures pensionnaires de Saint-Lazare, qui viennent manger dans la main de la honte le pain émietté par la prostitution ; dont la vie se passe dans de sombres méditations contre la bourse et la santé des habitants du quartier; créatures sottes, envieuses les unes des autres, ne cherchant qu'à se nuire réciproquement dans la mesure de leurs forces, fouillant dans les recoins étroits de leurs petits esprits le moyen de tout salir et de tout gâter, se morfondant dans l'onanisme de leur orgueil, jusqu'au jour où, lasse d'elles et de leurs bonnes œuvres, la police les enlève et les enferme prudemment dans quelqu'une de leurs maisons de campagne.

Tel est, Monsieur, en très-grande partie, le public des femmes de la Closerie des Lilas ; je ne veux pas cependant comprendre tout le sexe féminin dans cette catégorie.

Il y a une troisième espèce de femmes ; c'est, il faut l'avouer, la très-minime exception : ce sont les débris d'une race qui tend de plus en plus à disparaître, celle des grisettes. Pauvres filles qui travaillent et qui font autre chose que l'amour; occupées toute la journée, elles viennent le soir prendre un moment de distraction avec leur amant,

et pincer le léger *cancan*, aujourd'hui remplacé par le *chahut*, un vilain nom et une vilaine danse, et s'épanouir le cœur au radieux soleil de la jeunesse et de la gaieté. Celles-là ont la noblesse de l'âme, la seule vraie, la seule que je reconnaisse ; elles n'ont qu'un seul amant, ne se font point payer à tant la nuit, et n'en ont pas le droit, d'ailleurs : elles ne sont pas munies de parchemins... délivrés par la police.

L'une, enlevée au foyer domestique par un premier amour, a secoué le joug de la famille, pour obéir à l'appel du plaisir, et promène le char triomphant et radieux de sa jeunesse à travers les champs calmes et riants de l'insouciance et de la franche gaieté. L'autre, nouvelle Fantine, n'a pas eu la peine de quitter une famille. Sans parents, sans liens, sans entraves, elle est entrée de plain-pied dans le domaine de la liberté ; rieuse, toujours contente, sans regrets de la veille, sans soucis de l'avenir, elle sourit à son présent et cueille le plus de fleurs qu'il lui est possible, dans le chemin de l'existence ; et au bout de la route, si les fleurs sont fanées, elles conserveront encore les vagues senteurs qui les parfumaient à l'aurore.

C'est en compagnie de ces blondes jeunes filles que l'existence paraît moins longue, le chemin moins âpre, l'air plus pur et le printemps plus doux.

Il fait bon s'égarer avec elles dans ces délicieuses campagnes si nombreuses autour de Paris : j'en sais peu qui soient aussi agréables que Meudon. A cette époque, dans les derniers jours de septembre, le bois dans lequel Rabelais aimait à s'égarer est véritablement un endroit enchanteur. Le poëte, le rêveur et l'amoureux peuvent s'étendre sur les feuilles sèches qui forment un lit au-dessus de la verdure ; les hautes futaies commencent à se ressentir de la fin de la saison, et les feuilles jaunissent légèrement ; le soleil, qui épanche ses rayons sur la cime des arbres, donne au feuillage une teinte dorée qui éblouit les yeux ; le ciel est d'un azur sans nuages, comme dans les régions bénies de l'Italie et de l'Orient. Par instant, on entend une sauterelle qui bondit sur les feuilles sèches, un insecte qui butine autour d'une fleur sauvage, un oiseau qui passe en saluant le grand œuvre, un rossignol qui, perché sur un arbre, répète son éternelle et plaintive mélodie. Oh! ne parlez point alors! Écoutez ! prêtez l'oreille : nulle parole humaine ne peut exprimer ce charme infini, cette douce ivresse qui remplit l'âme, la transporte, la noie. Pour bien sentir ce magique langage de la nature, il faut être poëte ou amoureux, ou plutôt il faut être poëte et amoureux, et véritablement cela n'est pas bien difficile, car ces deux choses touchent l'une à l'autre; elles sont sœurs et se complètent l'une par l'autre.

Mais c'est à la nuit tombante que cette idéale volupté est vraiment divine, alors qu'on est assis dans les bois silencieux. La lumière s'efface par degrés; les oiseaux regagnent leurs nids en poussant leurs dernières notes ; une brise légère fait frissonner les feuilles tremblantes, et nous apporte cette harmonie étrange de la nature qui se mêle aux murmures de plus en plus faibles d'un peuple qui s'endort. Il y a alors je ne sais quoi qui fait rêver, qui fait pleurer, qui fait aimer, et plus d'un poëte, j'en suis sûr, a parfois laissé venir la nuit tout à fait, dans cette muette contemplation de son âme songeuse. Et ce n'est point là un privilége, ce n'est pas là le monopole accordé à un seul d'écouter et d'entendre la voix harmonieuse de la nature chanter à l'unisson avec celle du cœur. Toutes les âmes chez qui l'amour du beau n'est point éteint, chez qui le culte du bien existe toujours, toutes les âmes poétiques, en un mot, ont reçu des mains d'une puissance supérieure cette jouissance divine. Mais combien plus douce et plus complète est cette ivresse de l'âme, quand on est deux et quand on se comprend. C'est là le bonheur; calmes, immobiles, on écoute dans le silence de l'ombre ce mystérieux et sublime langage de l'amour.

Je m'égare, Monsieur, et j'oublie le sujet de cette lettre.

La femme, comme je vous le disais tantôt, a prodigieusement changé en tout et partout, à l'extérieur, à l'intérieur, dans ses paroles, dans ses gestes, dans sa conduite.

Il y a maintenant, dans le quartier latin, des façons de parler qui feraient rougir des crocheteurs. Ce sont d'inqualifiables expressions, d'horribles membres de phrases, mis en usage par je ne sais quel habitant de la place Maubert.

Il arrive de temps en temps qu'il passe par la tête d'un sot l'idée de mettre en circulation une locution vide de sens, et aussitôt voilà que l'on accueille comme le trait d'esprit le plus piquant quelque grosse saillie, fruit malsain produit par une imagination échauffée ou une intelligence malade. Ces bouffonneries se succèdent avec une rapidité incroyable, et il n'y a jamais de vide dans la liste de ces tabarinades. Hier c'était : *Et ta sœur!* aujourd'hui c'est : *Eh! Lambert!* demain ce sera quelque autre épigramme de la même force.

Voilà les pointes auxquelles on accorde le droit de cité! Y a-t-il lieu de s'étonner que l'esprit devienne de plus en plus rare? De telles gentillesses le font sauver; il se tient prudemment à l'écart, et il a raison, il se trouverait en trop mauvaise compagnie.

En parlant des transformations qui se sont opérées dans le quartier latin, je dois dire un mot des cafés.

Vous connaissez, Monsieur, ce grand et bel établissement de la rue Dauphine, que l'on appelle le café Mazarin. Jadis, on n'y voyait que des étudiants, ainsi qu'au café Belge, qui se trouve vis-à-vis, comme vous savez. Les joyeuses débauches où se noyaient les soucis se prolongeaient souvent jusqu'à des heures fort avancées dans la nuit; on y était libre comme l'air; jamais on ne voyait apparaître de ces têtes douteuses comme on en remarque tant aujourd'hui.

Ici, deux étudiants poursuivaient le cours de leurs études médicales à travers une partie de *jaquet* sur une table bravement couverte de chopes vides et de verres d'absinthe. Là, quatre figures enluminées discutaient gravement la question du dîner, et supputaient ce que l'on pouvait retirer de tel ou tel attentat sur la bonne foi paternelle. Plus loin, un groupe se livrait avec ardeur à ce que Victor Hugo appelle *littérature et philosophie mêlées*. Dans un coin, un étudiant en droit apprenait le code dans les yeux bleus d'une Mimi anonyme, tandis qu'un vieux carabin considérait avec attention le mélange de l'eau qui tombait goutte à goutte dans son verre avec une absinthe suisse qui s'y trouvait. La salle était obscurcie par la fumée des pipes, à travers laquelle on apercevait des têtes coiffées de bérets rouges placés d'une façon impossible. C'était un bruit, un tohu-bohu indescriptible, le salmigondis de toutes les gaietés, le pandémonium de tous les rires, le caravansérail de toutes les folies, Momus faisant le grand écart dans un Olympe fantastique.

Aujourd'hui, il y a encore de l'animation, de la vie, mais ce n'est plus le même public; mais sur ces mêmes bancs où s'asseyait autrefois la jeunesse des écoles se remue et grouille une foule de charretiers, de calicots et de marchands de bœufs. Je veux bien que ces métiers soient fort honorables, mais ce n'est pas leur place parmi nous. On agite gravement, entre deux hoquets panachés à l'absinthe, la question des sucres et des cafés, le prix de l'alpaga ou des bêtes à cornes, le dernier cours de la Bourse et la valeur incontestable des drames de Ponson du Terrail.

En revanche, le public des femmes a singulièrement

augmenté; un grand nombre de ces dames passent la journée avec leurs bonnes amies à boire et à jouer aux cartes; peu à peu elles parviennent à se faire connaître, et alors la clientèle arrive. On expose ses charmes, on les taxe comme on fait des légumes et des écrevisses à la halle; pas méchantes filles, oh! non,—Elle tâchent de gagner leur vie sans faire de mal à personne, voilà tout.—Il est vrai que parfois elles arrivent à se bien faire venir du garçon, qui ferme les yeux sur leurs dépenses, et qui leur accorde des crédits illicites; le pauvre hère est souvent forcé d'acquitter de ses propres deniers les dettes de ces dames; mais on est chevalier français ou on ne l'est pas; la belle chose que la galanterie!

Laissons là ces harpies, et voyons un peu ce qu'est devenu l'étudiant.

Ah! il est bien changé aussi; ce n'est plus ce type joyeux et insouciant, qui souriait si gaiement à la vie; avec la gaieté, a disparu aussi cette noblesse de cœur qui le caractérisait. Ici encore, il y a une galerie de portraits.

Un étudiant, connu dans le quartier comme joueur, faisait, il y a quelques temps, une partie d'écarté avec un ami de café, étudiant comme lui. La chance lui était défavorable, et après avoir perdu tout ce qu'il avait sur lui, il perd encore deux cents francs sur parole. Il sort avec celui qui l'avait gagné et arrivé dans un débit de tabac, il est fort étonné d'entendre son ami prétendu lui demander de faire des billets. Quoique surpris de cette façon d'agir, il fait les billets sans dire mot. L'esprit insouciant comme à vingt ans, il ne songe plus à ce qu'il vient de signer et se trouve au dépourvu le jour de l'échéance. Le beau joueur que la chance (je veux bien dire la chance) avait favorisé porte ses titres à un huissier et envoie les billets protestés à la famille de mon étudiant. Vous jugez, Monsieur, du bel effet que cela dut produire.

Deux étudiants en médecine faisaient la cour à la

même femme, demoiselle de magasin, rue..... Mais l'un, plus heureux, était parvenu à en faire sa maîtresse. L'autre, jaloux et furieux, prévint, dans le but de se venger, la mère de la jeune fille de tout ce qui se passait; et l'amant favorisé se vit enlever sa maîtresse qui fut en butte chez elle à une grêle de mauvais traitements et d'humiliations. — Je dois dire que le traître reçut une correction soignée. Il était interne à l'hôpital ***; un jour qu'il passait dans la salle de son rival, il se sentit tout à coup appliquer un vigoureux coup de pied à l'endroit où le dos change de nom. Il se retourna, et, en se trouvant en présence de celui qu'il avait si lâchement trahi, sa contenance devint humble et timide et il poursuivit son chemin sans proférer un mot.

Je pourrais facilement citer mille traits du même genre, mais je ne veux point faire passer sous vos yeux ces vilaines images qui ressemblent à des coquins et qui inspirent le dégoût comme les photographies obscènes.

Quelles sont les causes de ces changements dans le caractère et les mœurs de l'étudiant? Elles sont faciles à trouver,

L'étudiant, comme je le disais dans les pages qui précèdent, est devenu aristocrate, mais de cette vilaine aristocratie du parvenu, c'est-à-dire la morgue et l'insolence unies ensemble, la fusion de l'égoïsme et de la sottise, le mariage incestueux des petites idées et des petites vanités. Mes paroles sont dures, mais elles sont méritées, elles n'offenseront que ceux qui sont dignes de les entendre. Quant à ceux qui ne se reconnaissent pas coupables, elles ne peuvent les blesser, et moi aussi, d'ailleurs, je suis étudiant! Je fais partie aussi de cette généreuse phalange si nombreuse autrefois et qui semble s'éteindre aujourd'hui, et je sais mieux que personne qu'il ne faut pas tirer sur ses troupes. Mais quant à ceux que je désigne à la vindicte publique, ils peuvent s'offenser, se blesser, se fâcher ; leurs petites colères, leurs réclamations mesquines ne font point d'impression et ne causent point d'émotion. C'est ce que l'on appelle ordinairement des faux frères, et ceux-là, nous les renions.

Cette classe de jeunes hommes qui ont jeté par-dessus les moulins le peu qui restait encore de principes incontestés, de traditions religieusement conservées, ont arboré un drapeau honteux qu'ils suivent la tête haute, comme s'il y avait lieu d'en être fier. Ils ont commencé par se compter, par passer en revue leur armée ; puis ils ont dit : « Toi, combien as-tu ? — Tant. — Il t'est permis d'être des nôtres. » — « Toi, que possèdes-tu ? — Tant. — Arrière !... *Raca !* »

On avait toujours pensé, Monsieur, que si l'égalité, la bienveillance, la concorde, l'affabilité devaient régner dans une classe quelconque de la société, c'était bien dans celle qui, ayant sucé avec le lait les nobles et mâles leçons de la science, se trouvait plus que d'autres à même de connaître et de mettre en pratique ces devoirs qui font véritablement l'homme, en lui donnant des droits, en lui créant des relations, en lui permettant des espérances, en lui accordant des auxiliaires prêts à le secourir à l'heure du danger. Vous aviez cru, comme tous les hommes bons et justes qui croient plutôt aux douces utopies de leur imagination qu'aux sévères réalités de la vie, que l'éducation développait cette affection qui tend à se communiquer et qui se trouve en germe dans toutes les âmes humaines ; que c'était là le seul moyen solide et vrai d'affermir et d'établir sur des bases inébranlables cette loi de l'association qui a son origine dans la nature même des choses et dans nos propres faiblesses.

Détrompez-vous, Monsieur, ce rêve que vous aviez fait n'est bien qu'un rêve ; pour vous en convaincre, mettez-vous un instant à votre fenêtre et quand vous verrez passer cette foule de gandins qui portent le nom d'étudiants sans en être dignes, vous me direz si vous reconnaissez votre erreur.

Le bon étudiant est celui qui sait heureusement marier le devoir et le plaisir, ce qui est assez difficile, je l'avoue, mais ce à quoi l'on arrive quand on a de la volonté et de l'intelligence. Il ne faut donner trop ni à l'un, ni à l'autre. L'étudiant est jeune, habituellement du moins; c'est, la plupart du temps, entre vingt et vingt-cinq ans que se déroule l'époque des études. — D'un côté, l'étudiant, je ne parle pas bien entendu de ces jeunes gens qui viennent faire leur droit pour passer trois, quatre ou cinq ans à Paris, l'étudiant, dis-je, a une position à se faire; il demande au travail une carrière qui doit le poser un jour devant la société, tantôt une clientèle modeste de médecin de province, tantôt une charge d'avoué, tantôt enfin c'est au barreau qu'il aspire ou à quelqu'une de ces places, si difficiles à conquérir aujourd'hui, de Chirurgien des hôpitaux. Il faut donc, et c'est pour cela qu'il vient à Paris, que l'étude entre pour une bonne part dans sa ligne de conduite; mais, de l'autre côté, il est jeune, le plaisir le réclame et veut avoir sa part; il faut donc aussi que cette jeunesse folle, gaie, joyeuse, folâtre, insouciante, ait le champ libre de temps à autre; qu'on lui coupe quelquefois ses liens; qu'on lui permette de s'égarer, de rêver, de chanter, de rire et d'aimer; qu'aux sombres méditations de l'étude succède à son heure l'insouciance couleur de rose.

Le plaisir est une des conditions de la vie de l'étudiant; je dirai plus : c'est pour lui une question d'hygiène. Ce n'est pas à l'âge où le corps achève de se former que l'on peut sans danger refuser à l'esprit toute distraction et le surmener, l'épuiser et le tuer de travail. Il serait aussi impossible à un corps de vingt ans de pâlir impunément sur les *Institutes* ou les *Pandectes*, sur les *Commentaires du Code civil* ou les *Leçons de procédure*, que d'aller, après avoir passé une après-midi à Clamart ou à l'école pratique, se bourrer de pathologie ou de matière médicale. Un travail continu, loin de profiter à l'intelligence, ne fait que l'épuiser et l'éteindre ; il faut des intermittences, et tout le monde sait que la terre la plus fertile a besoin de repos de temps à autre.

Je crois sincèrement que ce que je viens de vous dire est de la plus exacte vérité. Le travail est aussi nécessaire que le plaisir, pour le bonheur, qui n'est composé que de ces deux choses ; de même qu'un tableau possède des ombres à côté des lumières, de même qu'une harmonie contient des notes graves et des notes aiguës. Le bonheur n'est, après tout, que la résultante du travail, qui est l'accomplissement d'un devoir, et du plaisir, qui est la jouissance d'un droit.

Il faut une réforme, il faut un changement, il faut *brûler ce qu'on a adoré et adorer ce qu'on a brûlé*; car, interrogez qui vous voudrez, tout le monde vous dira que le quartier latin n'est plus ce qu'il était, il y a quelques années encore. Bon nombre d'étudiants ont besoin de réformer plusieurs points de leur conduite et de renoncer à ces petits airs, qui convenaient tout au plus aux jeunes beaux du boulevard de Gand. Toutes ces manières mesquines, toutes ces vanités en enfance, toutes ces ambitions encore en nourrice, cette morgue déplacée, ces idées saugrenues d'aristocratie, tout cela sent l'épicier à quinze pas; ce dédain, c'est un dédain d'épicier; cette fatuité, c'est une fatuité d'épicier ; cette gravité pédantesque, qui ne vaut pas même celle de Brid'oison, c'est une gravité d'épicier.

Ah ! l'épicier ! l'épicier !

« Comment se fait-il que le mot *épicier* est devenu synonyme, ou peu s'en faut, des mots *imbécile, crétin,* homme à idées étroites, à vues basses et petites?

« Paul de Kock (que M. Veuillot appelle le romancier des portières, quoique la prose de l'auteur de *la Maison Blanche* soit beaucoup plus française que celle de l'honorable journaliste évangélique), Paul de Kock, dis-je, tout en racontant les aventures des jeunes apprentis de ce métier, fait la satire la plus écrasante qui ait été composée contre l'épicier ; voyez plutôt *Monsieur Dupont.*

« Un charmant esprit, Champfleury, les abîme aussi de la belle façon dans *les Bourgeois de Molinchart.*

« H. Murger, chaque fois qu'il peut les *éreinter*, n'en manque jamais l'occasion.

« Dans les ateliers, l'épicier est devenu la bête noire de l'artiste et le cauchemar du rapin ; c'est pour eux le *nec plus ultra* de la sottise, l'idiotisme fait homme, et comme disait un peintre, rien que le nom d'épicier fait *broyer du noir* à un homme intelligent.

« Ce n'est pas à dire cependant qu'il suffise d'avoir le monopole des cafés et des sucres cristallisés pour perdre tout de suite ses qualités intellectuelles.

« Il n'y a point de sots métiers, dit le proverbe, il n'y a que de sottes gens.

« Mais malheureusement il arrive souvent que dans ce commerce de détail, l'esprit s'habitue à mettre en tout ces vues minutieuses, ces idées mesquines qui germent dans la tête d'un homme occupé à vendre toute la journée des pastilles de menthe, du chocolat de santé, des bougies de l'Etoile et du savon anglais. Certainement, il y a des épiciers intelligents ; certainement, il y en a qui pourraient faire bien tout autre chose que l'épicerie, et prononcer avec grâce d'autres mots que livre, once, pinte et décilitre.

« Quoi qu'il en soit, le mot est passé dans la langue littéraire et y a pris un sens peu honorable pour ceux auxquels il s'applique.

« Veut-on parler d'un stupide bourgeois dont la journée se passe à couvrir le papier de chiffres plus ou moins boiteux? On dit : C'est un épicier !

« Veut-on désigner un écrivain maigrelet, qui veut mordre et qui n'a pas de dents; qui, chaque fois qu'il est embarrassé dans sa phrase, ajoute entre parenthèses, comme pour s'excuser de ses sottises (style bilboquet) ; qui enfin prend un pseudonyme parce qu'il n'a pas le courage de ses opinions? On dit à part soi : Quel épicier !

« Enfin, pour parler d'un professeur pédant qui répète à tout bout de champ que la religion est la base de l'éducation ; d'une lorette qui se convertit quand elle a vu fuir son dernier amant ; d'un oncle qui vous parle sans cesse de l'avenir et du passé pour médire du premier et pour vanter le second, et qui n'ouvre jamais la bouche pour parler du présent sans en dire du mal ; d'un journaliste dont la plume célèbre ce que sa pensée désapprouve ; d'un défenseur de vieilles idées en ruine qui sont une insulte au progrès de la civilisation ; de ces jouteurs énervés, don Quichotte modernes, qui font courir leurs plumes à l'heure pour bâcler des réclames en faveur de MM. tels et tels, et dont on pourrait dire avec Molière qu'il est difficile de trouver

> Des esprits composés d'atomes plus bourgeois ;

que dit-on, ami lecteur? Épiciers, épiciers !

« Et vous, jeunes imbéciles, qui peinez dans les galères de la bureaucratie, dont tout le talent consiste à barbouiller le papier des traits de votre calligraphie prétentieuse, vous dont on peut représenter la valeur morale par ∞ et l'intelligence par zéro ; on vous appelle des commis, votre vrai nom est : Épiciers.

« Et vous encore qui, sous prétexte de vous occuper de chant, battez la caisse de l'association pour satisfaire vos petites vanités ; vous qui quêtez des liards pour faire des balthazars clandestins et des voyages aux frais des particuliers escroqués par vous, est-il possible que vous vous nommiez encore des musiciens, des amis de l'art et du beau? Taisez-vous donc, épiciers, épiciers, épiciers !

« Et vous qui, dans un journal, ne lisez que les

faits divers, épiciers aussi, broutez la chronique judiciaire, gorgez-vous des récits de cours d'assises ; votre esprit n'en sera pas plus malade.

« Je viens de relire ce que j'ai écrit et je vois que je vais m'attirer bien des ennemis ; plus peut-être que je ne pense, car il est une foule de gens qui ont soin de prendre pour eux ce que l'on écrit pour d'autres et de faire des applications auxquelles on n'avait souvent pas songé.

« Deux mots d'explication sur ce que j'ai écrit me semblent donc nécessaires.

« Comme tout le monde, je pense que les sociétés de chant ont un but utile et un noble objet ; que les employés d'administration peuvent être quelquefois des gens intelligents ; que tous les commis-voyageurs ne sont pas des sots ; que le commerce est une carrière honorable, quoique abrutissante ; que l'on peut avoir la manie d'une expression sans être un crétin ; enfin, qu'il n'est pas nécessaire d'être l'oncle de quelqu'un, pour être un sermonneur imbécile et ennuyeux.

« Mon lecteur pense absolument comme moi.

« N'est-il pas vrai que, même dans ce qu'on appelle le monde, c'est-à-dire dans le cercle de sots nécessaire à la composition d'un public, comme disait Chamfort, dans le monde on considère la carrière artistique comme de beaucoup supérieure à toutes les autres. On a soin, cela est vrai, de dire : Être poëte, peintre, sculpteur, même avec du talent, qu'est-ce que cela rapporte ? C'est fort joli sans doute, mais à quoi cela mène-t-il ?

« Non, Monsieur, c'est vrai, cela ne mène à rien, à rien du moins qui excite votre envie. C'est pour cela que quand on vous a présenté l'idéal et la matière, la pensée et un sac d'or, vous n'avez pas hésité, car vous vous êtes dit qu'avec de l'or on pouvait acheter la pensée des autres, tandis que la réciproque était rarement vraie.

« Mais tout le monde ne peut pas être artiste ou poëte, et cela est fort heureux ; tout le monde n'est pas né pour écrire en vers ou pour faire des statues ; tout le monde n'a pas cette effrayante volonté qu'un débutant doit avoir ; tout le monde ne se sent pas le courage de s'exposer aux dures privations de la misère, aux acerbes morsures de la critique et à l'indifférence dédaigneuse du plus grand nombre.

« Il faut donc que les divers rouages de la machine sociale soient mis en mouvement par divers ouvriers ; qu'à l'un soit confiée telle besogne, qu'à l'autre un rôle différent soit attribué.

« Aussi, Dieu me garde de dénigrer une partie quelconque du grand œuvre et d'attaquer une caste entière d'individus qui ont une mission utile à remplir.

« Ce que je veux fronder, c'est le ridicule, ce sont ces idées étroites du bourgeois, ces prétentions exagérées du commis et de l'employé, ces absurdes rodomontades de l'homme qui se fait vieux et qui veut s'ériger en censeur des mœurs et en champion de la vertu.

« Voilà quelle a été ma pensée en publiant cette pantagruélique boutade sur le caractère épicier.

« Si enfin quelque membre de cette chaste confrérie se trouvait blessé des applications que j'ai faites de ses noms et qualités, je lui dirai de relire son apologie par H. de Balzac ; cela lui sera un dédommagement bien large de ces lignes et une consolation pour ses vieux jours [1]. »

Croyez-moi, Monsieur, il est nécessaire, pour leur honneur, que les étudiants ne s'amusent pas à ramasser à terre ces petites idées qui y rampent comme des vers ; laissons cela à d'autres.

Avant de terminer, il faut cependant que je dise un mot des calicots.

---

[1]. Ce fragment a d'abord été publié dans le journal *le Peuple du Nord et du Pas-de-Calais*, sous le titre : DU CARACTÈRE ÉPICIER.

Il y a quelques années déjà, M. Dumay publia une brochure intitulée : *A bas les calicots!* dans laquelle, il faut le reconnaître, il y avait des choses par trop violentes et par trop méchantes. Quelque temps après, un M. Cangam lui fit une réponse à laquelle il donna pour titre : *A propos des calicots.*

Si M. Dumay avait été trop emporté, il faut avouer que M. Cangam, de son côté, l'a été beaucoup trop aussi. Quand on a la prétention de donner à quelqu'un une leçon de modération, de convenance et de politesse, il ne faut pas commencer par l'imiter en tout point dans les choses qu'on lui reproche : il ne faut pas prendre comme cela le mors aux dents.

Quoi qu'en dise l'auteur de : *A propos des calicots,* je pense, comme M. Dumay, que ces jeunes gens ont usurpé la place de la femme en bien des endroits; je n'irai pas, comme lui, leur conseiller de se faire soldats, cela les regarde; je ne veux point me mêler de ce qu'ils font en sortant de leurs magasins, et je me soucie fort peu qu'ils se nettoient ou non les ongles à la porte de leurs boutiques[1]; qu'ils soient libres, qu'ils fassent chez eux tout ce qu'ils veulent. Quant à cette phrase de M. Cangam : « *Ils ne mettent pas tous leurs appointements à se bien vêtir, car il faut bien supposer qu'ils ont quelques petits autres besoins en dehors des vêtements. — Ils fument, quelquefois ils dînent le dimanche. — Plusieurs ont des maîtresses; que sais-je?* » Quoique ce soit une assertion sujette à discussion, je la concède à son auteur.

Mais ce que je n'accorde pas, c'est que MM. les calicots viennent nous rendre de fréquentes et importunes visites; c'est que notre bal devienne leur bal, que nos cafés deviennent leurs cafés : qu'ils restent chez eux, c'est tout ce qu'on leur demande.

---

[1] J'ai peine à comprendre comment M. Cangam, qui ne paraît pas manquer d'esprit, se soit amusé à réfuter de semblables petitesses.

Voilà, Monsieur, ce que j'avais à vous dire sur le quartier latin, sur cette vieille cité que la pioche du démolisseur détruit pièce à pièce, et qui disparaîtra peut-être de la carte de Paris dans un avenir peu éloigné. La plus grande partie du vieux Latium est détruite; nous n'avons pas à nous en plaindre, il était composé d'un labyrinthe de petites rues étroites, obscures et malsaines; les édifices qui s'élèvent sur ses ruines n'ont pas eu de peine à faire oublier les anciens, et ces grandes artères, nouvellement percées, ont remplacé avec avantage le dédale du vieux quartier. Nos théâtres se sont embellis : l'Odéon possède, à l'heure qu'il est, une des meilleures troupes de Paris; la scène du théâtre du Luxembourg, restaurée par les soins d'un intelligent directeur, prend chaque jour plus d'importance; enfin, un nouveau théâtre s'ouvre dans la salle de l'Athénée musical, et l'administrateur qui le dirige, prenant une généreuse initiative, vient de nous accorder des priviléges jusqu'ici sans précédents.

Malgré les plaintes un peu vives parfois, malgré les réclamations peut-être un peu violentes que j'ai formulées, je pense qu'avant qu'il soit peu, le quartier changera de face; nous sommes dans un état fiévreux, et les situations de ce genre ne fournissent pas une longue carrière : *Violentum non durat.*

Telle est, Monsieur l'espérance, que je caresse; bientôt, j'en ai la conviction, elle se réalisera, et l'on citera, en parlant de notre nouveau quartier, ces vers du plus grand de nos poëtes contemporains :

Pour que la goutte d'eau sorte de la poussière,
Et redevienne perle en sa splendeur première,
Il suffit, c'est ainsi que tout remonte au jour,
D'un rayon de soleil ou d'un rayon d'amour.

PARIS. — IMPRIMÉ CHEZ BONAVENTURE, DUCESSOIS ET Ce.
55, QUAI DES GRANDS-AUGUSTINS.

Original en couleur